BEI GRIN MACHT SICH IHR WISSEN BEZAHLT

- Wir veröffentlichen Ihre Hausarbeit,
  Bachelor- und Masterarbeit

- Ihr eigenes eBook und Buch -
  weltweit in allen wichtigen Shops

- Verdienen Sie an jedem Verkauf

Jetzt bei www.GRIN.com hochladen
und kostenlos publizieren

Petra Müller

Männerquoten. Sind Männer die neuen Frauen in der Modewelt?

GRIN Verlag

Bibliografische Information der Deutschen Nationalbibliothek:

Die Deutsche Bibliothek verzeichnet diese Publikation in der Deutschen National-
bibliografie; detaillierte bibliografische Daten sind im Internet über http://dnb.d-
nb.de/ abrufbar.

Impressum:

Copyright © 2013 GRIN Verlag GmbH
Druck und Bindung: Books on Demand GmbH, Norderstedt Germany
ISBN: 978-3-656-48564-3

Dieses Buch bei GRIN:

http://www.grin.com/de/e-book/231670/maennerquoten-sind-maenner-die-neuen-
frauen-in-der-modewelt

GRIN - Your knowledge has value

Der GRIN Verlag publiziert seit 1998 wissenschaftliche Arbeiten von Studenten, Hochschullehrern und anderen Akademikern als eBook und gedrucktes Buch. Die Verlagswebsite www.grin.com ist die ideale Plattform zur Veröffentlichung von Hausarbeiten, Abschlussarbeiten, wissenschaftlichen Aufsätzen, Dissertationen und Fachbüchern.

Besuchen Sie uns im Internet:

http://www.grin.com/

http://www.facebook.com/grincom

http://www.twitter.com/grin_com

Inhaltsverzeichnis

Quotenregelung: Männerquoten

Sind Männer die neuen Frauen in der Modewelt?

1. Einleitung

Mode spielt in der heutigen Gesellschaft eine zunehmend wichtige Rolle. Es sind nicht mehr nur die Frauen, die versuchen, bestimmten Trends zu folgen oder gar welche zu setzen, im Gegenteil, es sind immer mehr Männer, welche die gängigen Modetrends setzen, erweitern und erneuern. Dabei handelt es sich nicht mehr ausschließlich um Designer und Modemagnate wie Karl Lagerfeld oder Louis Vuitton, deren weltberühmte Modekollektionen nicht nur die Laufstege dieser Welt bestimmen, sondern auch den Stil berühmter Kaufhausketten, wie etwa H&M und damit den Alltagslook vieler Männer und Frauen.

Im Alltag wird der Look heutzutage von Männern bestimmt, denn diese scheinen sich nicht nur mehr für Mode zu begeistern, sondern mittlerweile auch viel mehr über Mode zu wissen als Frauen. In dieser Hausarbeit möchte ich meine These näher auslegen, dass Männer die neuen Frauen in der Modewelt sind, wobei ich meinen eigenen YouTube Kanal „RamadaRod – Fashion, Beauty, Life" beleuchten werde, der sich hauptsächlich mit Themen für Frauen befasst, wie Mode, und der dennoch größtenteils von Männern abonniert wird.

2. Mode, Fetisch, Transvestitischer Fetischismus

Mode wird heutzutage von vielen Faktoren bestimmt und bezeichnet die zeitgemäße Art von Menschen, bestimmte Dinge zu tun, wie hier, sich zu kleiden. Ausschlaggebend hierbei ist, dass diese bestimmten Verhaltensweisen nicht dauerhaft sind, sondern infolge gesellschaftlicher Prozesse nach einiger Zeit durch neue Verhaltensweisen ersetzt werden, die als zeitgemäß, beziehungsweise als *modern* gelten. Daraus folgert man, dass Mode einem Zyklus unterliegt, der sich ständig verändert, sodass man mit Trends oder mit Mode normalerweise kurzfristige Veränderungen des Zeitgeistes in Verbindung bringt. Jede neue Mode ruft neue Verhaltens-, Gestaltungs- und Denkmuster hervor und bewertet damit auch bereits Vorhandenes.

Fetisch schließt im umgangssprachlichen Gebrauch sexuelle Neigungen bezüglich eines Objektes ein und wird im algemeinen Verständnis abwertender konnotiert. Jedes Objekt kann dabei zum Fetisch werden.

Manche Forscher teilen Fetische danach ein, ob sie aufgrund ihrer Form *(form fetish)* oder ihres Materials *(media fetish)* entstanden sind[1]. Ein Beispiel für Formfetisch wäre ein Schuh-

---

[1] Sanchez, B. (2005). *Fetishism.* 14.01.2013. <http://www.psychologytoday.com/conditions/fetishism.html>

oder Fußfetisch; für ein Materialfetisch wäre es Lack- und Leder-, oder Nylonfetisch.[2] Es bleibt zu beachten, dass ausschließlich wenn ein Gegenstand die vom Fetischisten bevorzugte Form hat oder aus seinem bevorzugten Material gefertigt wurde, tatsächlich als Fetisch wirken und somit auch gelten kann.

Bei einem Fetisch können sowohl der Geruchssinn, die Optik oder die Haptik von ausschlaggebender Bedeutung sein.[3] Manche Fetischisten werden bereits durch den Anblick erregt, für andere sind alle Sinne für die Erregung notwendig. Einige Fetische wirken nur in Verbindung mit bestimmten Rollenspielen oder Szenarien, zum Beispiel können Schuluniformen zum Fetisch werden, weil sie das Stereotyp eines unschuldigen und jungen Schulmädchens darstellen.

Im subkulturellen Verständnis gibt es keine klaren Grenzen des Fetisches; Rollenspiele können ebenso wie das Tragen von Damenwäsche als Mann, als Fetisch verstanden werden. Hierbei wird der Fetisch als eine gleichberechtigte und legitime sexuelle Orientierung verstanden, die nicht krankhaft ist und somit nicht behandelt werden muss.[4] Von entscheidender Bedeutung kann sein, ob die Kleidung vorher getragen wurde oder nicht. Die am meisten verbreiteten Fetische für Männer sind unter anderem weibliche Bekleidungsstücke[5], wie etwa Unterwäsche, Schuhe und Uniformen.[6]

Fetische können sich, wie die Mode, im Laufe der Zeit verändern. Dabei wird entweder ein bereits vorhandener Fetisch abgewandelt, oder es kommen weitere hinzu. Ein dauerhafter Rückgang kommt selten vor.

Den **transvestitische Fetischismus** unterscheidet man vom Transvestitismus, der einen Ausdruck der Geschlechtsidentität darstellt. Als transvestitischer Fetischismus wird eine bestimmte Form des Fetischismus bezeichnet, bei dem bereits getragene Bekleidung des anderen Geschlechts zur sexuellen Erregung dient. Kleidungsstücke wie zum Besispiel Strumpfhosen oder Schuhe spielen dabei eine Rolle. Es wird nur dann eine psychische Störung diagnostiziert, wenn die Betroffenen darunter leiden.[7] Der transvestitische Fetischismus wird oft als Bezeichnung für jede sexuelle Handlung oder Stimulation gebraucht, bei der Kleidung des anderen Geschlechts von Bedeutung wird. Hierbei muss man zwischen sehr unterschiedlichen Motivationen unterscheiden. Er kann Teil eines Rollenspiels sein, ohne Fetischcharakter zu besitzen, oder nur der Ausdruck eines klischeehaften Rollenverständnisses sein. Laut mehrerer meiner Abonnenten in höheren Positionen, wollen

[2] AskMen UK. *Top 10 Fetishes*. 14.01.2013. <http://uk.askmen.com/dating/vanessa/25c_love_secrets.html>

[3] Hans G Zapotoczky: *Psychiatrie der Lebensabschnitte*, 2002

[4] Sanchez, B. (2005). *Fetishism*. 14.01.2013. <http://www.psychologytoday.com/conditions/fetishism.html>

[5] AskMen UK. *Top 10 Fetishes*. 14.01.2013. <http://uk.askmen.com/dating/vanessa/25c_love_secrets.html>

[6] Elke Gaugele: *Soldatenfrier und Uniformfetischisten*, 2006

[7] Gerald C. Davison: *Klinische Psychologie*, 2002

manche Männer einmal eine passive Rolle einnehmen und ziehen Frauenkleider an, da sie diese passive Haltung nur mit einer Frauenrolle verbinden können.

3. Vorstellung meines YouTube Kanals: „RamadaRod - Fashion, Beauty, Life"

Ich bin YouTube am 01. Juni 2012 beigetreten und habe seitdem 306.670 Klicks und 914 Abonnenten, Tendenz steigend. Mein Kanal beinhaltet sieben Playlisten, die sich auf insgesamt 158 Videos mit den Themen Mode, Kosmetik, Dating, Sport und Ernährung befassen. Alle Zahlen der nachfolgenden Analysen, die ich bezüglich der Statistik vorstelle, datieren aus Gründen der Überschneidungsfreiheit vom 15. Januar 2012.

4. Analyse hinsichtlich der Männerquoten auf meinem YouTube Kanal

Mein Kanal wurde seit der Erstellung von 84,3% Männern und 15,7% Frauen abonniert[8]. Die größte Gruppe sind dabei Männer zwischen 35 und 54 Jahren. Die meisten Aufrufe waren aus Deutschland mit insgesamt 41.975 Klicks, gefolgt von den USA und Großbritannien mit 8.343, beziehungsweise 3.495 Klicks. Der vergleichsweise geringe Anteil weiblicher Abonnenten scheinen junge modeinteressierte Mädchen und Frauen zu sein, die außerdem gern Dating-Tipps in Anspruch nehmen. Die Männer scheinen sich ebenfalls für Frauenmode zu interessieren, wenn man bedenkt, dass die beliebtesten Videos Modevideos sind.
Das Video „Haul&Tutorial Strumpfhosen / Tights / Pantyhose" allein führte zu 67 Abonnenten, gefolgt von Outfit Videos, wie etwa „Herbst-Haul: Jacke, Schal und Schuhe", das zu 16 Abonnenten führe, sowie „OOTD mit Bluse, Schuhe-Haul &Tipp: Strumpfhose/Tights" und „H&M Blusen Haul & OOTD Satin Rock, Strumpfhose, Pumps". Letztere zwei Videos führten zu jeweils 14 Abonnenten. Die größte Gruppe der gewonnenen Abonnenten entschied sich laut der Statistik von Google, die sich täglich verändert, für den gesamten Kanal an sich[9]. Suchbegriffe, wie Strumpfhosen, Schuhe und Blusen sind bei der Suche nach den Videos auf meinem Kanal am beliebtesten, wenn man die Kommentare und Nachfragen diesbezüglich beachtet.

5. Analyse des Videos „Haul & Tutorial Strumpfhosen / Tights / Pantyhose"

Dieses Video ist das erfolgreichste Video auf meinem Kanal, das in drei Monaten 21.310 Aufrufe erzielte und 106 Mal als Favorit hinzugefügt wurde. Es befasst sich inhaltlich mit der

---

[8, 9] Müller, Petra (2012). *RamadaRod – Fashion, Beauty, Life.* 15.01.2013.
<http://www.youtube.com/user/RamadaRod>

Handhabung und dem Einkauf von Strumpfhosen. Ein *Haul* bedeutet auf YouTube soviel wie ein *Raubzug* im Sinne von Einkaufen und ein *Tutorial* ist ein Ratgeber. Am meisten wurde das Video in Deutschland und den USA favorisiert.[10] Die meisten Aufrufe kamen aus Deutschland mit 7.678 Klicks, gefolgt von den USA mit 3.335 Klicks. Mit größerem Abstand folgte dann Großbritannien mit 977 Klicks. Obwohl das Video nicht untertitelt ist und ausschließlich auf Deutsch vorliegt, kamen die meisten Aufrufe aus nicht deutschspracheigen Ländern. Platz vier und fünf belegten bei den Klicks die Türkei und Österreich mit 892, beziehungsweise mit 743 Aufrufen.[11] Eine Erklärung für die vielen Klicks aus dem englischsprachigen Raum könnte im Titel des Videos liegen, in dem sich nur ein einziges deutsches Wort und vier englische Wörter von insgesamt fünf Wörtern befindet. Außerdem ist es ein Video, bei dem man versteht worum es geht, ohne unbedingt die Sprache verstehen zu müssen, denn der Inhalt wird praktisch vorgeführt. Die meisten positiven Bewertungen kamen aus den USA und aus Deutschland mit 33 beziehungsweise 29 Däumchen nach oben. Den Rest der positiven Bewertungen gab es aus Großbritannien, der Türkei und vereinzelten Ländern Asiens. Insgesamt wurde das Video 99 Mal positiv und 3 Mal negativ bewertet. Die negativen Bewertungen kamen aus den USA, Kanada und Italien.[12] Insgesamt sind unter allen Zuschauern 92,3% männlich und nur 6,8% weiblich. Etwa 50% aller Zuschauer sind männlich und zwischen 45 und 54 Jahre alt. Der weibliche Anteil ist verschwindend gering. Am zweitmeisten wurde das Video mit gemittelten 25% von Männern zwischen 35 und 44 Jahren angesehen und gemittelte 23% der Männer waren im Alter von 55 bis 64. Das Video fand weder unter den 13-17 Jährigen, noch unter den 65+ Jährigen keine Zuschauer.[13] Bei den Kommentaren kamen am meisten die Suchbegriffe „Strumpfhose", „Strumpfhosen" und sich darauf beziehende Adjektive vor, wie „hautfarben", „shiny" und „glänzend".[14]

Schlussfolgernd lässt sich sagen, dass Männer mittleren Alters aus Deutschland und den westlichen, karriereorientierten Ländern Strumpfhosen und Füße mögen und sich mehr als Frauen für dieses klassisch weibliche Kleidungsstück interessieren, wobei sie sich nicht nur für die Optik und Haptik begeistern, sondern auch für die praktischen Bestandteile, wie dem Zwickel, dem verstärkten Zehenbereich und dem Bündchen. Einige meiner Abonnenten in höheren Positionen teilten mir mit, dass ihnen die Unterwürfigkeit, die sie mit Strumpfhosen, Schuhen (und weitergeführt dem Küssen von Füßen) verbinden, als Ausgleich zu ihrem verantwortungslastigen Job dient, da sie Kontrolle und Kontrolle abgeben können. Weiterhin

---

[10, 11, 12, 13,14] https://www.youtube.com/analytics#dt=lt,fs=15623,fe=15719,fr=UN001,fi=v-r89NB70kiqE,r=comments,ha=b2Apfho3NSw

sagten manche, dass sie sich sehr wünschten von ihrer Sekretätrin unterworfen zu werden - sozusagen als Rolletausch.

6. Analyse des Videos „Flirt With Me! Die Macht Optischer Reize & Sexy Moves"

Das zweiterfolgreichste Video auf meinem Kanal erzielte in fünf Monaten insgesamt 15.811 Aufrufe und wurde 6 Mal als Favorit hinzugefügt. Das Video beschäftigt sich mit Tipps und Tricks um das Thema Dating und Partnerschaft.

Am meisten wurde das Video in Deutschland und den englischsprachigen Ländern, sowie der Ukraine als Favorit gewertet.[15] Die meisten Aufrufe waren in Deutschland mit 13.007 Klicks, gefolgt von Österreich mit 1.137 Klicks. Mit größerem Abstand folgte dann die Schweiz mit 756 Klicks, die USA mit 195 Aufrufen und Großbritannien bildete den Schluss mit 96 Aufrufen[16]. Da das Video nicht untertitelt ist und ausschließlich auf Deutsch vorliegt, kamen die meisten Aufrufe aus den deutschspracheignn Ländern. Der Titel des Videos ist aus deutschen und englischen Wörtern gemischt, was möglicherweise zu Verwirrung geführt hat, wenn es um die positiven, beziehungsweise negativen Bewertungen geht. Die meisten positiven Bewertungen kamen aus Deutschland mit 19 Däumchen nach oben, es gab außerdem drei positive Bewerungen jeweils aus Österreich und den USA, zwei aus Italien und eine aus Australien. Insgesamt wurde das Video 26 Mal positiv und 26 Mal negativ bewertet. Die negativen Bewertungen kamen 22 Mal aus Deutschland und den USA, sowie anderen nicht deutschsprachigen Ländern.[17]

Insgesamt sind unter allen Zuschauern 32,2% männlich und 67,8% weiblich. Etwa 50% aller Zuschauer sind weiblich und zwischen 13 und 17 Jahre alt. Am zweitmeisten wurde das Video mit gemittelten 15% von Männern zwischen 45 und 54 Jahren angesehen und gemittelten 8% der Frauen waren im Alter von 18 bis 25, sowie Männer im Alter von 35 bis 44, die auch mit gemittelten 8% unter den Zusehern vertreten sind. Das Video fand bei den weiblichen Zuschauern über 25 kaum Anklang, sowie bei den Männern über 64 Jahre.[18] Bei den Kommentaren kamen am meisten die Suchbegriffe „bist"und „lachen"[19].

Als Schlussfolgerung kann man sagen, dass besonders junge Mädchen aus den deutschsprachigen Ländern dieses Video angeklickt haben, weil sie aktiv nach Flirttipps in der Pubertät gesucht haben. Männer mittleren Alters haben das Video ebenfalls angesehen, weil sie wahrscheinlich ein aufreizendes Video gesucht haben, da der Titel provokativ gewählt ist, um Aufmerksamkeit zu erzielen. Angeklickt wurde das Video kaum in der

[15,16,17,18] Müller, Petra (2012). *RamadaRod – Fashion, Beauty, Lifee.* 15.01.2013.
<http://www.youtube.com/user/RamadaRod>

Altersgruppe 25 bis 35, weil die meisten Vertreter dieser Altersgruppe wahrscheinlich verheiratet oder in einer Beziehung sind.

7. Analyse des Videos „OOTD Satin Pencil Dress, Strumpfhose & High-Heels"

Das dritterfolgreichste Video meines Kanals beschäftigt sich mit Mode und erzielte in drei Monaten insgesamt 6.584 Aufrufe und wurde 36 Mal favorisiert.[20]

Am meisten wurde das Video in den USA und in Deutschland als Favorit gewertet. Anklang fand es ebenfalls in Kanada, Frankreich und der Niederlande.[21] Die meisten Aufrufe waren in Deutschland mit 4.100 Klicks, gefolgt von den USA mit 1.174 Klicks, Großbritannien mit 672 Klicks, Italien und Frankreich mit jeweils ca. 330 Aufrufen.[22] Bei diesem Video ist hauptsächlich die Optik wichtig, denn es handelt sich um ein *OOTD*, das heißt ein *Outfit Of The Day*, also der Kombination von Kleidung an einem Tag. Der Titel des Videos besteht aus deutschen und englischen Wörtern und dem englischen Kürzel, *OOTD*.

Die meisten positiven Bewertungen gab es aus Deutschland mit 11 Däumchen nach oben, es gab außerdem acht positive Bewerungen aus den USA, drei aus Polen und jeweils zwei aus Kanada und Italien. Insgesamt wurde das Video 32 Mal positiv und einmal negativ bewertet. Die negative Bewertung kam aus Deutschland.[23]

Insgesamt sind unter allen Zuschauern 90,5% männlich und 9,5% weiblich. Etwa 40% aller Zuschauer sind männlich und zwischen 45 und 54 Jahre alt. Am zweitmeisten wurde das Video mit gemittelten 22% von Männern zwischen 35 und 44 Jahren angesehen und gemittelte 18% der Männer waren im Alter von 55 bis 64, sowie 5% der Männer im Alter von 25 bis 34. Der weibliche Anteil mit etwa 3% ist verschwindend gering. Das Video fand bei den weiblichen Zuschauern über 54 und zwischen 13 und 17 Jahren keinen Anklang, sowie bei den Männern zwischen 13 und 17 Jahren.[24] Bei den Kommentaren kamen am meisten die Suchbegriffe „Kommentare", „gerne", „klasse" und „dich".[25]

Als Schlussfolgerung kann man sagen, dass trotz stereotyper Kleidung, die bereits im Titel erwähnt wird, hauptsächlich Männer mittleren Alters das Video angesehen haben. Die Kommentare waren durchweg positiv und konstruktiv. Das Video zeigt auch hier, dass sich Männer für die Kreativität in der Mode mehr begeistern als Frauen. Das Video präsentiert stereotype und konservativ weibliche Kleidung, ein knielanges Kleid, das aussieht, wie eine Kombination aus Rock und Bluse, dazu hohe Schuhe und eine Strumpfhose. Viele Männer

---

[20,20, 21, 22, 23, 24] Müller, Petra (2012). *RamadaRod – Fashion, Beauty, Life.* 15.01.2013.
<http://www.youtube.com/user/RamadaRod>

mittleren Alters, die dieses Video angesehen haben, sind der Meinung, wie sie mir persönlich mitteilten, dass sich mehr Frauen so kleiden sollten. Manche teilten mir mit, dass sie gern selbst so etwas tragen würden.

8. Repräsentation von Männern und Frauen in den Filmen „Der Teufel trägt Prada" und „Die Frauen von Stepford"

Für diesen Abschnitt möchte ich gern von zwei Filmen ausgehen, da diese das Rollenbild von Mann und Frau besonders deutlich zum Ausdruck bringen. Diese Filme sind „Der Teufel trägt Prada"[26] und „Die Frauen von Stepford".[27]

Im ersten Film werden die Frauen sehr selbstbewusst und dominant dargestellt, sie leiten das Management eines Modeimperiums; wer als Frau weich ist, hat in dieser Branche nichts zu suchen. Die Protagonistinnen in der Modewelt sind sehr taff und setzen sich gegen die Männer durch, welche die Künstler sind: Designer, Make-Up Artists, Editoren. Männer arbeiten für die Frauen und sind ihnen deutlich unterlegen. So gesehen, sind sie die neuen Frauen, die sich um das *Schöne* kümmern wie etwa dem Ankleiden und Stylen der Models und dem Dekorieren des Sets.

In dem Film „Die Frauen von Stepford" wird das Idealbild der Frau sehr klischeehaft und traditionell dargestellt. Frauen sind Sexobjekt, Mutter, Köchin und Putzfrau und werden als unterwürfig und sehr feminin dargestellt. Die Männer bestimmen über sie in Stepford, was sie in ihrem vorherigen Leben nicht konnten, da sie den Frauen unterlegen waren. Die Rolle der Frau in Stepford ist, dem Mann zu gehorchen und zu dienen. Wer als Frau taff war, wurde in Stepford zum Roboter umgepolt, damit der Mann das Sagen haben und sich durchsetzen kann. Als Fazit kann man sagen, dass das Klischeehafte der Frau so ausgereizt wird, dass am Ende die Frau das Sagen über den Mann hat. Die Männer, kochen, kaufen ein und putzen und sind somit die neuen alten Frauen geworden.

Gegenüberstellend kann man sagen, dass die Frauen in „Der Teufel trägt Prada" maskulinisiert und die Männer femininisiert werden. Die Frauen bezahlen dafür einen sehr hohen Preis und sind in ihrem Privatleben die Verlierer, sie sind unglückliche Workaholics und können keine Beziehung oder Ehe aufrecht erhalten. Nun bleibt die Frage offen, ob es so ist, da eine dominante maskuline Rolle nicht in der Natur der Frau liegt, zumal die Protagonistin am Ende ihren Beruf aufgibt und sich für eine weniger glamouröse Stelle und ihren Lebensgefährten entscheidet, den sie aufgrund ihre ersten Arbeitsstelle aufgab.

Im Film „Die Frauen von Stepford" sind die Frauen traditionell, unterwürfig und weich, sie dienen den Männern und werden zudem durch einen sehr weiblichen Kleidungsstil, bestehend

---

[26] http://www.imdb.de/title/tt0458352/
[27] http://www.imdb.de/title/tt0327162/?ref_=fn_al_tt_1

aus High Heels, Röcken oder Kleider, Strumpfhosen und Blusen femininisiert, wobei die Männer durch ihre Aktivitäten und ihre Aufgabe die Frauen regelrecht neu zu *erschaffen*, wie Gott, maskulinisiert werden. Die Männer erschaffen sich die Frauen, um über sie bestimmen zu können, da sie dies in ihrem davorigen Leben nicht mehr konnten. Sie ziehen es sogar vor in einer Phnatasiestadt wie Stepford zu leben, da die Realität zu schlimm war, dass Frauen über sie herrschten und nicht mehr nur glückliche und dümmliche Hausfrauen und Mütter waren. Die Männer sind am Ende die Verlierer und die Frauen bestimmen wieder über sie.

9. Schlussfolgerung

Aus eigenen Beobachtungen der Kommentare und Nachrichten auf meinem YouTube Kanal kann ich sagen, dass sich die größte Menge an Männern zwischen 35 und 55 Jahren ein *Weibchen* wünschen, das am besten immer Make-Up, schöne Unterwäsche und einengende Kleidung tragen soll, wie zum Beispiel einen Minirock oder ein Pencil-Skirt, eine enge Bluse, Strumpfhosen, sowie enge, hohe Schuhe. Sie soll einfach und glücklich sein, denn wenn sie kompetent und intelligent ist, fühlen sich Männer eingeschüchtert und verlieren das Interesse. Es zählt nicht mehr die Frau an sich, sondern die Phantasie von der Frau, wie sie früher war, möglicherweise wie die eigene Mutter oder das Idealbild der eigenen Mutter. Wenn die Frau weiblich ist, sind Männer sehr unterwürfig, sobald sie zeigt, dass sie ihnen gleichgestellt ist, wollen sie sie am liebsten unterdrücken.

Mein Nebenjob als Fotomodell hat die Vorlieben der Männer bestätigt, sowie die Klischees die in den zuvor genannten Filmen bedient wurden. Die Mehrheit der Agenten und Manager sind Frauen, die Stylisten und Make-Up Artists sind Männer, wie im Film „Der Teufel trägt Prada". Die Aufträge sind klischeehaft: Strumpfhosen und High Heels sind ein absolutes Muss, es werden Blusen und Röcke oder Kleider bevorzugt, denn die Frau muss weiblich aussehen und sein, wie im Film „Die Frauen von Stepford". Die Zielgruppe in der Modebranche sind eindeutig Männer denn sie scheinen tatsächlich die neuen Frauen zu sein. Wären die Frauen die Zielgruppe, bräuchte man keine Models mehr, Puppen würden ausreichen.

Der Widerspruch ist leicht herauszufiltern. Dominante Chefinnen erschaffen die Models, somit werden Frauen von anderen Frauen unterworfen und dabei gleichzeitig für Männer kreiert. Frauen, wie beispielsweise Modechefinnen, leben ihre Dominanz aus, indem sie weiche Frauen für Männer erschaffen. Somit dominieren sie den Geschmack der Männer und verlieren gleichzeitig, weil sie als Idealbild ein *Püppchen* erschaffen, aber selbst das Gegenteil sind. Frauen sind heutzutage so dominant geworden, dass die Männer mittlerweile die neuen Frauen sind und gar keine Wahl mehr haben, als nachzugeben.

10. Quellenangaben

Beier, Klaus M., Hartmut A. G Bosinski und Kurt Loewit (2005). *Sexualmedizin.* München: Urban & Fischer Verlag/Elsevier GmbH.

Davison, Gerald C., John M. Neale und Martin Hautzinger (2002). *Klinische Psychologie. Weinheim:* Beltz PVU.

Gaugele, Elke (2006). „Soldatenfrier und Uniformfetischisten." *Die zivile Uniform als symbolische Kommunikation.* Ed. Hackspiel-Mikosch, Elisabeth und Haas, Stefan. Stuttgard: Franz Steiner Verlag. S. 275

Zapotoczky, Hans G. und Peter K. Fischhof. (2002). *Psychiatrie der Lebensabschnitte.* Wien: Springer.

AskMen UK. *Top 10 Fetishes.* 15.01.2013.
<http://uk.askmen.com/dating/vanessa/25c_Life_secrets.html>

Internet Movie Database (2006). Der Teufel trägt Prada. 15.01.2013.
<http://www.imdb.de/title/tt0458352/>

Internet Movie Database (2004). Die Frauen von Stepford. 15.01.2013.
<http://www.imdb.de/title/tt0327162/?ref_=fn_al_tt_1>

Sanchez, B. (2005). *Fetishism.* 15.01.2013.
<http://www.psychologytoday.com/conditions/fetishism.html>

Müller, Petra (2012). *RamadaRod – Fashion, Beauty, Life.* 15.01.2013.
<http://www.youtube.com/user/RamadaRod>